MW01257731

Which once had been meadow
(Som en gång varit äng)

ANN JÄDERLUND
translated by Johannes Göransson

BSE

ISBN: 978-0-9898103-6-4

BSE Books are distributed by
Small Press Distribution
1341 Seventh Street
Berkeley, CA 94710
orders@spdbooks.org | www.spdbooks.org | 1-800-869-7553

BSE Books can also be purchased at
www.blacksquareeditions.org
www.hyperallergic.com

Contributions to BSE can be made to
Off the Park Press, Inc.
972 Sunset Ridge
Bridgewater, NJ 08807
(please make checks payable to Off thePark Press, Inc.)

To contact the Press please write:
Black Square Editions
1200 Broadway, Suite 3
New York, NY 10001

An independent subsidiary of Off the Park Press, Inc. Member of CLMP.
Publisher: John Yau
Editors: Ronna Lebo and Boni Joi

Cover image: "Eminence" (oil on canvas, 76 x 54 inches, 2015), © Elliot Green. Used by permission of the artist.

Design & composition: Shanna Compton, shannacompton.com

CONTENTS

DET LYSER PÅ GRÄNSEN

A LIGHT SHINES ON THE BORDER

STARK STRUKTUR

Floret döljer mig inte nu
Monologen döljer mig inte
Man ska stänga porten
Materialet döljer det inte
En skärande kontrast

Molnet döljer mig inte
Det glider inte undan
Det finns dvala
Det finns skuggor i riket

Utsökta frukter
Skifferblad
Dunkla anemoner
Ni kan inte dölja mig

STRONG STRUCTURE

The veil does not conceal me now
The monologue does not conceal me
One should close the gates
The material does not conceal it
A cutting contrast

The cloud cannot conceal me
It does not glide away
There is slumber
There are shadows in the kingdom

Exquisite fruits
Slate leaves
Dim anemones
You cannot conceal me

DET LYSER PÅ GRÄNSEN

Du står på en scen
Ett rum som är vitt
Med lysande kanter

Nej,
Det är jag som är gränsen
Hyacinten hos flickan
Och som vaggas av Gud en gosse
Det är jag som är Flickan Gud en Gosse
Och som vaggar i min oroliga hamn

A LIGHT SHINES ON THE BORDER

You stand on a stage
A room that is white
With illuminated edges

No,
I am the border
The girl's hyacinth
And who is rocked by God a boy
I am the Girl God a Boy
And who rocks in my restless harbor

UR ALLA DINA RÄNDER

En vas lyser
En vas lyser
Jag krossar den

Jag tänker alltid på ditt bruna huvud
Den gröna randen
Den röda randen
Den gula randen
Den blåa randen

Jag tänker alltid på ditt bruna huvud

OUT OF ALL YOUR STRIPES

A vase shines
A vase shines
I shatter it

I always think about your brown head
The green stripe
The red stripe
The yellow stripe
The blue stripe

I always think about your brown head

STJÄRNOR ÖVER ONDA HUS

I.

Jag sover här i staden
Mitt hjärta är så blått
Och kölden i ett koppartak

Mitt torn går genom natten
Min färg är som en stjärna grön
Jag kallar mig för hus och svarta glas

STARS OVER EVIL HOUSES

I.

I sleep here in the city
My heart is deep blue
And the cold in a copper roof

My tower goes through the night
My color is like a star green
I take my name from houses and black glass

II.

Och natten kommer utan gräns
Ju mer du lutar dig ur huset
En stig och några snår
Ett steg som ekar. Så och så

En stjärna är så kall och utan ro
Jag tisslar här. Och under varje vrå
Vems ansikte har ropat då
Mot rutan

Jag lägger örat till
Min bild och hör. En portuppgång
I staden

II.

And the night comes without border
The more you lean out of the house
A path and some thickets
A step that echoes. So and so

A star is so cold and without stillness
I'm fiddling here. And beneath every nook
Whose face has then called out
Against the pane

I put my ear close to
My image and listen. A stairwell
In the city

III.

En tunn ridå har färgat staden så
Att över tak
Och kanter
Ett fönster slår i fonden

En man går genom trapporna och upp
Jag drömmer då. Hans ansikte
Mot mina rutor

*

I samma grav. I samma grav
Vid sidan av den andre död
Hans vita ben. Och stjärnor genom
Alla våra glas

III.

A thin curtain has colored the city thus
That above roofs
And edges
A window beats in the backdrop

A man walks through the stairs and up
Then I am dreaming. His face
Against my panes

*

In the same grave. In the same grave
Next to the other dead
His white bones. And stars through
All our glass

NATUR

NATURE

Månen strålar
Den är stor över ängen
När strålarna är stora
Den är stor över ängen
Där nere

Allt är stort
Det är inte månen
Låt den vara

The moon shines
It is big above the meadow
When the beams are big
It is big above the meadow
Down there

All is big
It is not the moon
Let it be

Den starka ängen lyser ängen stark
Där vallmon lyser växer vallmon inte
I brunnshål faller bladen alltid stilla
Där säden växer lyser vallmon ensam

The strong meadow shines the meadow strong
Where the poppy shines the poppy does not grow
In well-holes leaves fall slowly
Where seeds grow the poppy shines alone

Ängen är fuktig och leker att ängen är fuktig
Bladet är blankt och leker att bladet är blankt
Munnen är vacker och leker att munnen är vacker

(Amorbåge)

The meadow is moist and plays that the meadow is moist
The leaf is blank and plays that the leaf is blank
The mouth is beautiful and plays that the mouth is beautiful

(Cupid's bow)

Skogen skapar sin källa
Ängen skapar sitt bröst
Strålen skapar sitt hjärta
Hjärtat skapar sin sjö

The forest creates its wellspring
The meadow creates its breast
The beam creates its heart
The heart creates its lake

Det är en måne men den heter vax
Det är en trädgård men den heter måne
Det är de starka strålarna
Men då är det mitt kön

It is a moon but it is called wax
It is a garden but it is called moon
It is the strong beam
But then it is my sex

Två färger är vita
Det är de båda blanka
I all sin glans
Det är den enda spetsen

Bladet är fuktigt och leker att bladet är fuktigt
Ängen är blank och leker att ängen är blank
Bröstet är sött och leker att bröstet är sött

(Ympning)

Two colors are white
It is both the blank ones
In all its splendor
It is the only tine

The leaf is moist and plays that the leaf is moist
The meadow is blank and plays that the meadow is blank
The breast is sweet and plays that the breast is sweet

(Grafting)

Säden är inte varm
Vallmon vill inte sova
I mörker syns inte säd
När säd blir varmt i mörker
Vill säd sova vill mörker

The seeds are not warm
The poppy does not want to sleep
In the dark seeds cannot be seen
When seeds become warm in the dark
Seeds want sleep want darkness

Hjärtats äng är stilla
Ängen ser inte hjärtat
Jag är ängens hjärta
Vatten ligger på ytan

Månens strålar gör ytan blank
Ytan är hjärtats sjö

The heart's meadow is still
The meadow cannot see the heart
I am the meadow's heart
Water lays on the surface

The moon's beams make the surface blank
The surface is the heart's lake

Löjtnantens hjärta
Riddarens sporre
Lupinens pung

(Trädgård)

Ängen är varm då värmer sig vallmon vid ängen
Säden är stark då värmer sig vallmon vid säden
Månen är fuktig då värmer sig vallmon vid månen

The lieutenant's heart
The knight's spur
The lupine flower's pouch

(Garden)

The meadow is warm then the poppy warms by the meadow
The seeds are strong then the poppy warms by the seeds
The moon is moist then the poppy warms by the moon

Som det är skilt från bladet detta blanka blad
Som det är skilt från ängen denna blanka äng
Som det är skilt från vallmon denna röda vallmo

(Amor)

Som det är min äng
Som det är mitt blad
Som det är min sjö
Som det är mitt stift
Som det är min stråle

As it is parted from the leaf this blank leaf
As it is parted from the meadow this blank meadow
As it is parted from the poppy this red poppy

(Amor)

As it is my meadow
As it is my leaf
As it is my lake
As it is my style
As it is my beam

Knoppas knopparna om våren
Knoppas knopparna
Är gräset dött
Leker han med mig

Do the buds bud in spring
Do the buds bud
Is the grass dead
Is he playing with me

EN TRÄDGÅRD

A GARDEN

MIDSOMMARNATTSDRÖM

Smärtsamma resa
In i syrenen
Han fyller dig med sin vätska
Rycker loss en blomma
Suger ut det söta
Smärtsamma resa
Snart spränger han hela klasen

Mikroskopiskt svarta flugor
Kommer att lossna och falla
Snart har de inget hem
Ståndare
Pistill
Tungt rött
Viola

Mot hans lädergom
Som är uppspänd
Ett skelett av träd och ondska
Ensamma bruna tråd
Snart spränger han hela klasen

MIDSUMMER NIGHT'S DREAM

Painful journey
Into the lilac
He fills you with his fluid
Tears off a flower
Sucks out the sweetness
Painful journey
Soon he will burst the entire cluster

Microscopically black flies
Will loosen and fall
Soon they will have no home
Stamen
Pistils
Heavy red
Violet

Against his leather gullet
Which is pitched
A skeleton of wood and evil
Lonely brown thread
Soon he will burst the entire cluster

JOD

Veckla ut bladen
Träng in i kärnan. Det finns ingen kärna
När du är i mitten
Träng in mellan de ynkliga bladen
Det finns ingen ros. När du är i rosen
Syrliga veck
Det finns inget rör
När du kommer med vätska
Det finns ingen
vätska,
Giovanni

IODINE

Unfold the leaves
Thrust into the core. There is no core
When you are in the middle
Thrust in between the pitiful leaves
There is no rose. When you are in the rose
Sour folds
There is no reed
When you come with fluid
There is no
fluid,
Giovanni

GRUVA

Idag dog du som det var i går
Jag såg det i lådan
Det lilla kastanjebarnet hade skrumpnat
Eller var det brunt
Var det grönt gjorde det ont
Det var själens underliga gruva
Rann blodet upp kom det aldrig tillbaka

MINE

Today you died as if yesterday
I saw it in the box
The little chestnut child had shriveled
Or was it brown
Was it green did it hurt
It was the soul's curious mine
Did the blood run up it never came back

DVALA

Han gör en brevfilm av mitt huvud
Jag är en cyklamen
Han svarar aldrig på frågor
Jag är djupt röd
Färgerna blir mörkare och mörkare
I dvala
Är det bäst som sker
Han är en pupill
Och att känna doften
Nu bänder han upp kronan
Har jag varit lycklig i en trädgård
Gräset är krattat
Och överallt lyfter tusenskönor upp
Sina små skära ansikten
Jag är ju inte ensam här

SLUMBER

He makes a letterfilm of my head
I am a cyclamen
He never answers questions
I am deeply red
The colors grow darker and darker
In slumber
Do the best things happen
He is a pupil
And to sense the fragrance
Now he bends up the crown
Have I been happy in a garden
The grass is raked
And everywhere thousandbeauties lift up
Their small pink faces
Since I am not alone here

NERVSYSTEM

Det är en stad
Eller en stad i själva staden
Längs gatorna. Med försänkta stränder
Du ville plocka mig dessa
Stifthylsor vi behöver
Men jag grät,
Det är inte dessa
Under själens vandring

Kunde jag genast mäta och ana
Dem mot min underbotten
Det är en förgrening

NERVE SYSTEM

It is a city
Or a city inside the city itself
Along the streets. With sunken shores
You wanted to pick
These receptacles that we need
But I wept,
It is not these
During the soul's wandering

Could I immediately measure and sense
Them against my beneathbottom
It is a branching

JAKOBSKAMPEN

Redan vaknar vi
Redan mellan kalla lakan
Och din tunga judiska stjärna

Det är en gul njutning
Vi retar våra sinnen
Vi går ner till floden
Vi blir randiga av vattnet
Vi plockar sköra kvistar
Vi smular ner dem i könen
Jag sätter ett band i håret

Jag plockar små tulpaner
Jag rycker loss deras blad
Jag äter upp det inre

THE JACOB STRUGGLE

We awake already
Already between cold sheets
And your heavy jewish star

It is a yellow pleasure
We tease our senses
We walk down to the river
We are striped by the water
We pick fragile branches
We crumble them in the sexes
I put a band in my hair

I pick small tulips
I tear loose their leaves
I eat the inner

REPLIK

Jag går in till dig i klostret
Bedövningen får väggarna att stelna
Långt därborta är byggnaden grumlig
Jag ordnar mina ödsliga strålar
Jag lägger alla strålar
Alla i en rad
Står du inte intill mig
Jag älskar de små strålarna
Det är alltid så tomt
Kan inte jag få fylla det där tomrummet
Det skulle också göra ont
Att linda sina armar

Stjärnorna blinkar. Ge lekkamraten tröst
Nu när han alltid kommer hem
Som ville de väcka ett inre liv
På den här sidan
Är byggnaden ett block
Jag älskar dig
Och i dess oförstörda sanning

Det är med mig som det är med trädgården
Kan det skilja oss åt

REPLY

I enter the monastery to see you
The anesthesia stiffens the walls
Far over there the building is murky
I arrange my desolate beams
I place all the beams
All in one row
Don't you stand next to me
I love the small beams
It is always so empty
Couldn't I fill that void
It would also hurt
To swathe one's arms

The stars twinkle. Console the playmate
Now that he always comes home
As if they wanted to awaken an inner life
On this side
The building is a block
I love you
And in its undestroyed truth

It is the same with me as it is with the garden
Could it split us apart

Ö

Det blir vinter och liljorna fryser
Liljorna fryser
Att andas i en liljas inre
Det blir vinter. En ö i bladen

Varför ger mig alltid denna ö
Nu när frosten kommer
Och lämnar knopparna
Allt längre in
Till bladen

ISLAND

Winter comes and the lilies freeze
The lilies freeze
To breathe inside a lily's inner
Winter comes. An island in the leaves

Why is it that this island always gives me
Now the frost comes
And abandons the buds
Ever further in
To the leaves

KÄLLA

WELLSPRING

Jag offrar så mycket
Den älskade stiger in
Allt det där vet du, alla detaljer
Du som har älskat
Du är som jag

Att vara förströdd är en lek
Man leker Avsmak Ryckas Hän

Den älskade böjer sig sorgset
Då bildas en brun vinkel
Du tänker: Det är den färg som följer
På leda

I sacrifice so much
The beloved steps in
You know all of that, all the details
You who have loved
You are like me

To be distracted is a game
We play Distaste Be Carried Away

The beloved bends sadly
Then a brown angle is formed
You think: That is the color that follows
Loathing.

Siamesiska delar
Var inte sorglig som pergament

Det är bara ögat som öppnar sig
Din överarm söta smärta
När muskeln sluter sig
Nu biter du
Det är ödsligt

Varför krusar du mitt hår

Och muskeln öppnar sig
Skär du en skåra i varje droppe

Siamese parts
Do not be sad as parchment

It is only the eye that opens
Your upper arm sweet pain
When the muscle closes
Now you bite
It is desolate

Why do you crimp my hair

And the muscle opens
Do you cut a notch inside every drop

Varför krusar du mitt hår

Varje minne är en pärla
Då försvinner pärlorna
Det var en gata

Flickans benstomme vill inte
Ha något med riddaren att göra
Och ändå,
Man för bara lite rött
Till den späda grönskan

Varför krusar du mitt hår
Kamomill behöver inte ljusa kvinnors hår
Nu är det brunt

Why do you crimp my hair

Every memory is a pearl
Then the pearls disappear
There was a street

The girl's boneframe did not want
To have anything to do with the knight
And yet
One merely adds a little red
To the tender greenery

Why do you crimp my hair
Chamomile does not need light women's hair
Now it is brown

Du färgar ditt hjärta rött
Du täcker över den älskades kläder

Kom till mig med blommorna
Medan jag ännu lever

Kom med buketten Förgäves
Denna ros här låg vid min säng

You color your heart red
You cover the beloved's clothes

Come to me with flowers
While I am still alive

Come with the bouquet In Vain
This rose here lay by my bed

Betyder min kärlek intet för dig

Jag vet att sanningen finns
Nu ser du den
Nu går du

Snart ska du tvätta mig för alltid
Snart ska du tvätta mig
Söta smärta

Jag ska plåga dig
Jag ska dra kanalerna ur din kropp
Så uttorkad som stranden

O källa! Utan dig fanns ingen längtan

Does my love mean nothing to you

I know that truth exists
Now you see it
Now you leave

Soon you will wash me forever
Soon you will wash me
Sweet pain

I will torment you
I will drag the channels out of your body
As dried up as the beach

O wellspring! Without you there was no longing

Varje gång jag ser på en måne
Känner jag hur hans muskel rör sig
I mitt inre
Det är månen i det inre
Det är samma måne Corona
Över din gata
Det var en gata
Ska jag alltid röra mig i ditt hus?

Every time I look at a moon
I feel how his muscle moves
In my inner
It is the moon in the inner
It is the same moon Corona
Above your street
There was a street
Will I always move inside your house?

Nu har jag glömt dig för alltid
Nu minns jag dig

Varför ska man minnas
Alla metaller är av guld

Snart ska han pensla dina knogar
Snart går tiden

Nu kommer han
Nu kommer han

Och du har lovat mina böner höra
Aldrig vet man vem som är vem

Now I have forgotten you forever
Now I remember you

Why should one remember
All the metals come from gold

Soon he will graze your knuckles
Soon time will pass

Here he comes
Here he comes

And you have promised to hear my pleas
One never knows who is who

Varför ska man älska
Den man ändå aldrig får
Min kropp är väl inte av koppar

Det är mot hjärtat du ska
Och upp i svalget
Allt här på jorden är mig så främmande

Sin hela glans ifrån det otillgängliga

Why should one love
The one one can never have
My body isn't made of copper

It is toward the heart you will go
And up in the throat
Everything here on this earth is so strange to me

All the splendor from the inaccessible

Någonstans måste jag ju finna dig

Man träder in
Man befläckas och sinar
Allt vad du säger
Är som jag

Att pressa sig in under den älskades tyngd
Varje kväll ser jag hur jag går
Under ett fönster:

Vem vill ha mitt utklippta hjärta
Hör du hur det skramlar
Hör du metallerna, vilken kyla

Jag letar bara efter dig

Somewhere I do have to find you

One enters
One is tainted and wanes
All that you say
Is like me

To squeeze in beneath the beloved's heft
Every evening I see how I walk
Beneath a window:

Who wants my cutout heart
Can you hear how it rattles
Can you hear the metals, what cold

I search only for you

Det är svart och djupt härinne
Gångarna är tomma

Men jag mognar
För varje gång du går

Blir jag tätare
Ska du hämta mig sen

Jag har vätska i muskeln
Jag vill sluta

It is black and deep in here
The walkways are empty

But I mature
Every time you leave

I become tighter
Will you gather me then

I have fluid in my muscle
I want to stop

Det röda blandar sig inte med brunt
Men de är identiska
För varje hinder allt närmare
Man kan inte skilja oss åt

The red does not mix with brown
But they are identical
For every obstacle ever closer
We cannot be split apart

Strukturen är för stark

Den är stark när han håller den
Och stark när den tränger in i din kropp

Nu spjälkas det i dina gångar
Nu går tiden

Lär mig att ruttna som ett enkelt blad

The structure is too strong

It is strong when he holds it
And strong when it penetrates your body

Now it is splintered in your ducts
Now time passes

Teach me how to rot like a simple leaf

Det finns bara ett förmak nu
Men jag är i kammaren
Och solljuset faller över oss

Allt man förtär, förtär man ju
För att själv slippa undan

Ska nattens hot gå oförlöst förbi
Och dörren slå mot gaveln

There is only one atrium now
But I am in the chamber
And sunlight falls over us

Everything one devours, one devours
To oneself get away

Will the night threat pass unredeemed
And the door beats against the gable

Överallt ser jag spåren av hans hand

Älskade Också Inte
De lyckliga ögonblicken kommer

När solljuset faller över dem
Men de är här i kväll?

Everywhere I see the traces of his hand

Beloved Even Not
The joyful moments will come

When sunlight falls over them
But they are here tonight?

EN UNDERKAMMARE

A LOWER CHAMBER

NATUR

Man förs in i skogens dunkla ljus
Ett blad är sötare och grönt
Det förbinds med namn på stavar

Kristallerna i våra bröst är av samma storlek
Som också ditt namn kan förbindas
Med metaller ger det salter
Eller jag förbinder dig

NATURE

Taken into the forest's dim light
One leaf is sweeter and green
It is bound to names on rods

The crystals in our breasts are of the same size
Your name can also be bound
With metals they make salts
Or I bind you

HOTELL KEJSAREN

Det var som tunga druvor i mitt tunga huvud
Det var i mossan där man öppnar kapseln
Det var hans lena finger över bladets ådror
Det var i blodet där man doppar blod

HOTEL IMPERIAL

It was like heavy grapes in my heavy head
It was in the moss where the capsule was opened
It was his soft fingers across the veins of the blade
It was in the blood where one dips blood

MARIAROS

Vi plågade en ros och rosens ursprung
Jag pressade ditt knä mot rosens mitt
Du reste dig mitt bröstblad föll ur sidan
Över den andra rosen som blev stark och vit

MARIA ROSE

We tormented a rose and the rose's source
I pressed your knee against the rose's core
You rose up my breast-blade fell out of the side
On the other rose which grew strong and white

ETT HAMLETSKÅP

Det är en fällning
Hans pupiller vidgar sig

Men färgas in igen
Till den och den

Är det beståndsdelar
Jag faller inte samman

Det är en gåva i ett skåp
Men ger han någonsin den gåvan

Det är en gåva men är det hans ögon
Eller utanför det skåpets räckvidd

Ty alltid när han gått långt efter
Det lyser än på mig

A HAMLET CABINET

It is a deposit
His pupils widen

But are colored back in
To that and that

Are they elements
I do not fall apart

It is a gift in a cabinet
But does he always give that gift

It is a gift but is it his eyes
Or outside the span of the cabinet

Always when he has left and long after
It still shines on me

VENUS MILO

Här har jag inga armar
Dra inte ut en snäcka jag har

Här har jag inga ögon
Kan det förbinda mina ögon

Dra inte undan ett skynke
Är det en snigel kan den stelna

VENUS DE MILO

Here I have no arms
Don't pull out a shell that I have

Here I have no eyes
Can it bind my eyes

Do not pull back the cloth
It is a snail it could stiffen

ETT FLOR

De små bröstbladen
Rör sig i hans vätska

Vitt är inte min vätska
Pistillerna drar sig samman

Aldrig mer ska det blomma
Det har aldrig blommat

Perforera honom

A VEIL

The small breastleaves
Move in his fluid

White is not my fluid
The pistils constrict

Nothing will ever bloom again
Nothing has ever bloomed

Perforate him

UNDERKAMMARE

Plocka isär mig igen
Jag är ju ingen kammare

När jag själv försöker
Plocka isär mig

Jag kan inte se
Det är stora kärnhus

LOWER CHAMBER

Pick me apart again
I am after all no chamber

When I try
Pick me apart

I cannot see
There are big cores

EN STARK ÖMHET

Jag öppnade din hand med mina händer
Du förde ner ett finger i min bruna hals
Jag brände dig tills du blev också varm
I bröstet i min hals i brunnen
Vi slog mot flatorna de ville inte vekna
Jag pressade ditt stift mot brunnens sorg
Det är en sorgbrunn nu det släpper mig
I denna starka brunn som faller

A STRONG TENDERNESS

I opened your hand with my hands
You put a finger down my brown throat
I burned you until you became also warm
In my breast in my throat in the well
We struck against the flats they did not weaken
I pressed your style against the well's sorrow
It is a sorrow well now it releases me
In this strong well which falls

VANITASSTILLEBEN

Det var ditt vackra huvud i den bruna skålen
Det var ditt huvud när det föll i klumpar
Det var det fula bröstet i den rena strålen
Det var mitt hjärta när det inte strålar

VANITAS STILL LIFE

It was your beautiful head in the brown bowl
It was your head when it dropped in clumps
It was the ugly breast in the clean beam
It was my heart when it does not radiate

EN STRÅLE BLOD

Jag drevs av ett sällsamt vemod du låg kvar på golvet
I dropparna av dina döda sår
Jag försökte smeka armens fina ådror
Men inte heller de gick bort
Eller de var också under skorpan där man speglar sig
Du är en annan spegel det går inte bort

A BLOOD RAY

I was driven by a curious melancholy you remained on the floor
In the drops of your dead wounds
I tried to caress your arm's fine veins
They did not go away either
Or they were also beneath the scab where one is mirrored
You are another mirror it does not go away

MED RENA HÄNDER

Av fuktig jord vad jag dig vackrast ville ge
Med rena händer och av fuktig jord
När stiger jag ur ljuset vill jag stiga ut och söka
En källa för där inte ljus kan sila
Och ta farväl av vatten jag förlorar
Allt vatten rinner nedåt ner i källan eller brunnsjord
Förtorkar ängen silar solen snabbt den ängen
Som en gång varit äng och lekt att ängen dör

WITH CLEAN HANDS

Out of moist earth what I wanted to most beautifully give you
With clean hands and from moist soil
When do I step out of the light do I want to step out and search
A well for where light cannot sift
And bid farewell to water that I lose
All water runs downward into the well or wellsoil
If the meadow dries out the sun quickly sifts the meadow
Which once had been a meadow and played the meadow dies

HON BLOMMAR SÅSOM ETT BLOMSTER

Jag delade en skål i dina stränga delar
Det finns ett rike där all renhet är

Jag droppade din vätska över skålens delar
Såsom ett blomster i ditt eget bröst

Det finns en äng i ängens vackra kött
Jag delade ditt hjärta i ett annat stift

SHE BLOOMS LIKE A BLOSSOM

I parted a bowl in your strict parts
There is a kingdom where all cleanliness is

I dripped your fluid over the parts of the bowl
Like a blossom in your own breast

There is a meadow in the meadow's beautiful flesh
I parted your heart in another style

ACKNOWLEDGMENTS

Excerpts from this book have been published in *Asymptote, Modern Poetry in Translation,* and *West Branch.*

ABOUT THE AUTHOR

ANN JÄDERLUND is the author of eleven books of poetry as well as a collected volume, *Dikter 1984–2000*. She writes children's books and plays and also translates poetry into Swedish, including *Gång på gång är skogarna rosa* (*Frequently the woods are pink*), a selection of Emily Dickinson's poems. Since publishing the pivotal *Which once had been meadow* (*Som en gång varit äng*) in 1988, Jäderlund has been one of the most influential poets in Sweden and has won numerous awards, most recently Övralidspriset in 2017.

ABOUT THE TRANSLATOR

JOHANNES GÖRANSSON is the author of six books of poetry, including, most recently, *The Sugar Book*. He is also the translator of ten books of poetry, including Kim Yideum's *Cheer Up Femme Fatale* and Aase Berg's *Hackers*. His books *Poetry Against All* (a diary of the writing of *The Sugar Book*) and *Transgressive Circulation* (a critical book about translation) are forthcoming. He teaches at the University of Notre Dame and edits Action Books.